An den Leser

Du arger Heinze, Farzesel, Bauchdiener, Säurange, Wäscher, Schwätzer, grober Esel, Maulchrist, Jungfernschänder, Rotzlöffel, unflätiger Sack, Ohrensinger, Geizwanst, verdammter Wucherer, Bluthund, Scheisspfaff, Bock, Gleisner, Maulaff, Lügenmaul, Leuteschinder, Schänder, Bauchpfaff, Schleicher, Hanswurst, Meuchler, Potzenhut, Hurentreiber, Säulehrer, Sudler, Lecker

W0221779

Wenn man sich vorstellt, daß Luther all diese Sprüche vor 500 Jahren gebracht hat — alle Achtung. Und so dachten wir uns, ihn mit dieser Auswahl vorzustellen, kein Klischee-Bild, sondern den Menschen in all seinen Widersprüchlichkeiten (gelehrte Luther-Biografien und Werkausgaben gibt's genug — in denen der neugierig gewordene Leser weiterforschen kann; wir empfehlen die Friedenthal-Biografie bei Piper).
Aus heutiger Sicht weiß man vieles besser, ob zum Thema Frauen oder Bauern oder oder — wer wirft den ersten Stein?
Arnulf Zitelmann (Jahrgang 1929) wählte diese Sprüche und Zitate aus, übersetzte sie aus dem Original und stellte eine heute lesbare Fassung her. Nach dem Studium der Philosophie und Theologie war er Pfarrer, dann Religionslehrer.
Er veröffentlichte (bei Beltz) die »Didaktik der Sexualerziehung« und die Jugendromane »Kleiner Weg«, »Zwölf Steine für Judäa«, »Unter Gauklern«, »Nach dem großen Glitch« und »Der Turmbau zu Kullab« und »Die neue Basisbibel« (Luchterhand).

Ich, Martin Luther
Starke Sprüche über Weiber, Fürsten, Pfaffen undsoweiter

Ausgewählt und übersetzt von
Arnulf Zitelmann

Eichborn Verlag

Ich will kein Buch mehr schreiben.

CIP-Kurztitelaufnahme der Deutschen Bibliothek

Luther, Martin:
Ich, Martin Luther: starke Sprüche über Weiber, Fürsten, Pfaffen undsoweiter / Arnulf Zitelmann. — Frankfurt [Main]: Eichborn Verlag, 1982.
ISBN 3-8218-1917-0

NE: Zitelmann, Arnulf [Hrsg.]

 · Umschlaggestaltung: Wolfgang Pfankuch · Gesamtherstellung: Fuldaer Verlagsanstalt GmbH · Printed in Germany · ISBN 3-8218-1917-0 · Verlagsverzeichnis durch: Eichborn Verlag, Sachsenhäuser Landwehrweg 293, D-6000 Frankfurt 70

Luthers Widersprüche und das protestantische Prinzip oder Der erste Anarchist?

Man darf ihn nicht mit seinen Denkmälern verwechseln. Der geschichtliche Luther war nicht so, sondern sehr im Gegenteil ein widersprüchlicher Mann. Auch seine Lebensdaten geben eigentlich kein Material zur Denkmalspose her. Mindestens ihm selbst war in den letzten Lebensjahren der Erfolg seines Wirkens zunehmend fraglich geworden. Käme ihm Lust dazu an, bemerkte Luther sarkastisch nach drei Jahrzehnten Wittenberg, wolle er binnen drei Wochen die Stadt wieder katholisch machen. Vielleicht war das nicht ganz so ernst gemeint, doch die große Wende, für die er sich stark gemacht hatte, war offensichtlich ausgeblieben. In deutschen Landen hatte sich nur weniges zum Besseren gekehrt, vieles war eher noch ärger geworden. Der deutsche Fürstenklüngel nutzte den reformatorischen Protest zum politischen Intrigenspiel, Wucherer schikanierten Land und Leute, und in den lutherischen Gemeinden machte sich statt der fröhlichen Freiheit eines Christenmenschen eine grämliche Gesetzlichkeit breit. Auf seinem Sterbebett kritzelte der frühgealterte, verbitterte, von endlosen Krankheiten zermürbte Mann nur noch die Worte: »Wir sind Bettler, das ist wahr.«

Fortsetzung auf Seite 67

Sieben Köpffe Martini Luthers
Vom Hochwirdigen Sacrament des Altars / Durch
Doctor Jo. Cocleus.

Der siebenköpfige Martin Luther

Ich,
Martin Luther

**Je mehr sie drohen,
um so grösser wird meine Zuversicht.**

Eins

Doktor Luther ist ein grober Gesell.

Martinus Luther, dein Herzliebichen.

Gott hat mich an euch gehetzt; ihr sollt vor meinem Namen keine Ruhe haben, bis dass ihr euch bessert oder zugrunde geht.

Lebe ich, so bin ich eure Pest, sterbe ich, so bin ich euer Tod.

Soll ich alles gutmachen, was man überall böse macht?

Wie gut Wein und Bier hab ich daheime, dazu ein schone Frauen, oder sollt ich sagen Herren.

Ich gebe zu wissen, dass es mir hier wohl geht, ich fresse wie ein Böhme und saufe wie ein Deutscher, das sei Gott gedankt, Amen.

Ich muss die Klötze und Stämme roden, Dornen und Hecken weghauen, die Pfützen ausfüllen und bin der grobe Holzfäller, der die Bahn brechen und zurichten muss.

Ich halt, es sei in 1000 Jahren keiner gewest, dem die Welt so feind gewest ist als mir.

Es soll recht bleiben, was ich lehre und schreibe, sollt auch alle Welt darüber bersten.

Ich bin kein Waidmann, der Wild jagt. Ich jag den Papst, Kardinal, Bischof, Domherrn und Mönch.

Ich habe dem Papst die Lehre angegriffen und das Herz abgebissen.

Wenn ich aufwache, so kommt der Teufel bald und disputiert mit mir, so lang bis ich sage: Leck mich am Arsch.

Und so harte Köpfe sollen sie nicht haben, ich will einen noch härteren Kopf haben.

Sie sollen mich nicht verzagt noch erschrocken machen, sondern ich will sie verzagt und erschrocken machen, sie sollen mir hinfort weichen, ich will ihnen nicht weichen, ich will bleiben und sie sollen untergehen, sie haben's zu weit getrieben. Denn mein Leben soll ihr Henker sein, mein Tod soll ihr Teufel sein. Das und kein anderes, das sollen sie erfahren und lass sie jetzt nur des getrost lachen.

Mein Vater ist in seinen jungen Jahren ein armer Häuer gewesen; die Mutter hat all ihr Holz auf dem Rücken eingetragen. Also haben sie uns erzogen.

Solche armseligen Leute suchen nicht mehr, denn dass sie sich an mir einen Namen machen und hängen sich an mich wie Kot an das Rad.

Ich regier nicht gern, es liegt mir nicht.

Mit Pochen soll niemand nichts an mir gewinnen.

Ich glaub einem jeden, darum kann man mich wohl bescheissen.

Ich gebe mich für keinen Engel aus.

Widerrufen kann ich nicht.

Mit den Bilderstürmern halte ich's nicht.

Ich bin reich, wenn ich auch nicht viel habe, weil ich das Meine geniesse.

Ich habe eine rasche Hand und ein promptes Gedächtnis. Wenn ich schreibe, fliesst's mir zu, ich brauche nicht zu pressen und zu drücken.

Martin Luther sagte, er habe sich oft im Traum geängstigt, dass er predigen müsse und habe kein Konzept.

Ich bin frei von Gier nach Geld; von der Libido hat mich das Alter und die angegriffene Gesundheit befreit, ich leide auch nicht mehr an Hass oder Neid gegen jemand. Aber der Zorn steckt noch immer in mir und der ist meist auch nötig und gerecht.

Ich bin eines Bauern Sohn. Mein Vater, Grossvater, Ahnherr sind rechte Bauern gewesen.

Meine Eltern haben mich so hart gehalten, dass ich darüber ganz verschüchtert wurde. Meine Mutter stäubte mich einmal wegen einer einzigen Nuss, dass mir dabei das Blut kam. Durch ihre strenge Erziehung trieben sie mich schliesslich ins Kloster, wiewohl sie es herzlich gut mit mir meinten.

Dass ich Bakkalaureus und Magister wurde, dann das braune Barett ablegte, andern liess und Mönch wurde, und dass ich denoch dem Papst in die Haare geriet und er mir wieder, dass ich eine entlaufene Nonne zum Weib nahm, wer hat das in den Sternen gelesen? Wer hätte mir das vorausgesagt?

Es muss alles in einem Dusel geschehen. So bin ich ins Lehramt gekommen. Hätte ich aber gewusst, was ich jetzt weiss, sollten mich zehn Rosse nicht gezogen haben.

In häuslichen Dingen füge ich mich Käthe. Im übrigen regiert mich der heilige Geist.

Nach meinem Tod sollen sie allererst den Luther recht fühlen.

Von Weibern, Ehe und Geschlecht

Ein Weibsbild ist nicht geschaffen, Jungfrau zu sein.

Zwei

Ich bin dein und du bist mein. Das ist die Ehe.

Im ersten Jahr des Ehestandes hat einer seltsame Gedanken. Wenn er über Tisch sitzt, so gedenkt er: Vorhin warst du allein, nun aber bist du selbander; im Bette, wenn er erwacht, sieht er ein Paar Zöpfe neben sich liegen, die er vorhin nicht sah.

Davon wollen wir am meisten reden, dass der eheliche Stand in so einem jämmerlichen Ruf bei jedermann steht. Es gibt viel heidnische Bücher, die nichts als die Laster der Weiber und des ehelichen Standes Unlust beschreiben, dass also ein Weib ein nötiges Übel sei. Das sind Worte blinder Heiden. Ich halt auch für wahr, wenn die Weiber sollten Bücher schreiben, so würden sie von den Männern auch dergleichen schreiben. Was sie aber nicht geschrieben haben, das richten sie doch aus mit Klagen und vielen Worten, wenn sie beieinander sind.

Lieber als Scheidung sollte man die Bigamie zulassen.

Zölibat, das ist der ehelose Stand, das heisst nicht Frauen lieben, sondern Unzucht und Schande an den Frauen lieben und suchen, und sie nicht wie Frauen, sondern wie Huren halten und achten, dass sie hinfort niemand lieb noch wert haben mag.

Viel Libido habe ich als Mönch nicht gespürt und Pollutionen waren eine rein körperliche Angelegenheit.

Wo unwillige Keuschheit ist, da lässt die Natur ihr Werk nicht. Dass ich es grob heraus sage um der elenden Not willen: fliesst es nicht in das Fleisch, so fliesst es in's Hemd.

Sie haben mir Schuld gegeben, ich soll gelehrt haben, wenn ein Mann seinem Weib nicht genug den Kitzel stillen könnt, soll sie zu einem anderen laufen. Ich hab aber also gesagt: Wenn ein tüchtig Weib zur Ehe einen untüchtigen Mann bekäme und könnte doch keinen anderen öffentlich nehmen und wollte auch nicht gern gegen die Ehre tun, zumal der Papst hier ohne Grund viel Zeugen und Wesens fordert, solle sie zu ihrem Mann also sagen: Siehe, lieber Mann, du kannst mich nicht befriedigen und hast mich um meinen jungen Leib betrogen und dazu mich in Gefahr der Ehre und der Seelen Seligkeit gebracht, und ist vor Gott keine Ehe zwischen uns beiden, vergönne mir, dass ich mit deinem Bruder oder nächsten Freund eine heimliche Ehe habe und du den Namen habest, auf dass dein Gut nicht an fremde Erben komme, und lass dich also deinerseits williglich betrügen durch mich, wie du mich ohne meinen Willen betrogen hast! Ich habe weiter gesagt, dass der Mann schuldig ist, darein einzuwilligen, um ihr die eheliche Pflicht und Kinder zu verschaffen. Will er das nicht tun, soll sie heimlich von ihm laufen in ein anderes Land und daselbst freien.

Die Verstockten wollen uns zwingen, ein Mann solle nicht fühlen seinen männlichen Leib, noch ein Weib ihren weiblichen Leib.

Es ist ein nötig natürlich Ding, dass alles, was ein Mann ist, muss ein Weib haben und was ein Weib ist, muss einen Mann haben. Und wo man das will verwehren, da ist's doch nicht zu wehren, und geht seinen Weg durch Hurerei, Ehebruch und stumme Sünde.

Geschlechtliche Beziehungen gibt es in der ganzen Natur, denn in allen Kreaturen gibt es ein männliches und weibliches Geschlecht. Auch die Bäume gehen eheliche Verbindungen ein, ebenso die Edelsteine, und auch zwischen Felsen und Steinen gibt es Geschlechtsbeziehungen.

Gott hat dem Leib die Glieder, Adern, Ausflüsse und alles, was dazu dient, gegeben und eingesetzt. Wer nun diesem wehren will und nicht lassen gehen, wie die Natur will und muss, was tut der anders, denn er will wehren, dass Natur nicht Natur sei, das Feuer nicht brenne, Wasser nicht netze, der Mensch nicht esse noch trinke noch schlafe. Aus dem schliesse ich nun, dass Nonnen in Klöstern müssen unwillig keusch sein und ungern Männer entbehren.

Unkraut wächst schnell, darum wachsen Mädchen schneller als Jungen.

Frauen steht besser an, dass sie stammeln und nicht gut reden können, das ziert sie besser.

Weiber sollen nicht über die Männer, sondern über Kinder, Schafe, Esel herrschen.

Nun siehe des Jammers einen Teil. Es sind grösstenteils Mädchen in Klöstern, die frisch und gesund sind und von Gott geschaffen, dass sie Weiber sein und Kinder tragen sollen, vermögen auch nicht den Stand zu halten williglich. Höre zu, ich habe meine Tage keiner Nonne Beichte gehört, aber ich will's doch treffen nach der heiligen Schrift, wie es mit ihnen gehe, und weiss, ich will nicht lügen. Ein Mädchen, wo nicht die hohe, seltene Gnade da ist, kann eines Mannes ebenso wenig entraten als essen, trinken, schlafen und andere natürliche Notdurft. Wiederum auch also, ein Mann kann eines Weibes nicht entraten.

Also soll man auch die Weiber regieren, nicht mit grossen Knütteln, Flegeln oder ausgezogenen Messern, sondern mit freundlichen Worten, freundlichen Gebärden und mit aller Sanftmut, damit sie nicht verschüchtert werden und erschrecken, dass sie hernach nicht wissen, was sie tun sollen.

Wenn Frauen über Politik reden, reden sie so wirr und läppisch, dass nichts darüber geht. Daraus ersiehst du, dass das Weib für das Hauswesen, der Mann aber für Politik, Kriege und Rechtshändel geschaffen ist.

Den Frauen fehlt es an körperlichen wie an geistigen Kräften. Ihre körperliche Schwäche kann man tolerieren, denn die Männer ernähren sie ja. Die geistigen Mängel des weiblichen Geschlechts machen uns mehr zu schaffen, aber wir müssen auch seine Unarten ertragen.

Männer haben einen weiten Brustkörper und schmale Hüften, daher haben sie Verstand. Frauen haben einen engen Brustkörper und weite Hüften. Eine Frau hat häuslich zu sein, das zeigt ihre Beschaffenheit an. Frauen haben nämlich einen breiten Podex und weite Hüften, dass sie sollen still sitzen.

Daher sieht man auch, wie schwach und ungesund die unfruchtbaren Weiber sind, die aber fruchtbar sind, die sind gesünder, reinlicher und lustiger. Ob sie sich aber auch müde und zuletzt tottragen, das schadet nicht, lass sie nur sich tottragen, sie sind dafür da. Es ist besser kurz gesund als lange ungesund zu leben.

Man kann mit einer jungen Metze nicht besser verfahren, man mache ihr ein Kind, so vergehen ihr die vielen Gedanken; denn die Weiber, die stillende Kinder haben, sind die fröhlichsten Frauen.

Man soll ein Weib trösten und stärken in Kindesnöten, nicht mit St. Magareten Legenden und anderm närrischen Weiberwerk umgehen, sondern also sagen: Gedenk, liebe Greta, dass du ein Weib bist, und dies Werk Gott an dir gefällt, tröste dich seines Willens fröhlich und lass ihm sein Recht an dir. Gib das Kind her und tu dazu mit aller Macht.

Mutterliebe ist viel stärker denn der Dreck und Grind am Kind.

Der Frauen kann die Welt nicht entraten, auch wenn die Männer aus eigener Kraft Kinder hervorbringen könnten.

Meine Wirtin zu Eisenach sagte recht, als ich daselbst in die Schule ging: Es ist kein lieber Ding auf Erden denn Frauenliebe, wem sie kann zuteil werden.

Nun sind Herren, Pfaffen, Bauern, alle wider mich, und drohen mir den Tod. Wohlan, weil sie denn so toll und töricht sind, will ich mich auch anschicken, dass ich vor meinem Ende im Stande, von Gott geschaffen, gefunden werde, und nichts von meinem vorigen papistischen Leben an mir bleibe, soviel ich kann, und will sie noch toller und törichter machen, und das alles zum Abschied und Ade. So habe ich auch nun aus Begehren meines lieben Vaters mich verehelicht, und um dieser Mäuler willen, das es nicht verhindert würde, mit Eile das Beilager gehalten und bin willens, auf Dienstag über acht Tage eine kleine Freude und Hochzeitsspeise zu machen. Solches habe ich euch als guten Freunden und Herren nicht wollen verbergen und bitte, dass ihr den Segen helft darüber sprechen.

Ich bin nicht liebestoll noch brenne ich, aber ich liebe meine Frau.

Ich schlaf oft mit einer schönen Frau im Bett, bei meiner Käthe.

Liebe Käthe, stirb mir ja nicht!

Die Erfindungskraft der Dichter und das Talent der Frauen sind grenzenlos.

Wenn ich noch eine freien sollte, so wollte ich mir ein gehorsames Weib aus einem Stein hauen.

Mein Vater und meine Mutter haben nicht gedacht, dass sie einen Doktor Martin Luther hervorbringen würden.

Mein Vater hat bei meiner Mutter geschlafen und mit ihr gescherzt und sind fromme Leute gewesen, wie auch alle Patriarchen, Erzväter und Propheten getan und gewesen sind.

Gefragt, ob Adam mehr als die drei in der Bibel erwähnten Söhne gehabt habe, antwortete er: Auf jeden Fall! Er wird ohne Zweifel viel Söhne und Töchter gehabt haben. Ich halt, sie haben wohl bis an die 200 Kinder gehabt, denn Adam ist sehr alt geworden, 930 Jahr. Kain wird irgendwann 30 Jahre nach dem Sündenfall geboren sein, als sie wieder getröstet worden waren. Denn ich halt gänzlich, dass sie nach dem Fall oft durch Engel getröstet worden sind, sonst wäre es ihnen nicht möglich gewesen, beieinander zu schlafen. Das Erschrecken ist zu gross gewesen. Nach 30 Jahren ungefähr haben sie angefangen Kinder zu zeugen.

Gott schuff den menschen, das es eyn menlin vnd frewlin seyn sollt.

Ich liege oft meiner Käthen an der Seiten, und ist sie auch eine liebenswerte Frau, tritt mir doch derweil der Angstschweiss aus.

Da hörst du, womit du dein Weib ernähren sollst, also, dass du sollst in deine Hand speien und es dir sauer lassen werden, dass dir der Schweiss über die Nase läuft, das gehört dazu, lieber Geselle. Ist einer ein Ackermann oder Handwerker, Schneider oder Schuster, so soll er des getreulich warten, und nicht zum Bier gehen, alles liegen lassen, sich auf den Abend mit der Frau schlagen, wenn er nicht mehr Geld zu verschlemmen hat, und verkaufe dem armen Weibe alle ihre Kleider und was sie hat.

Nun sage mir, wenn ein Mann hinginge und wüsche die Windeln oder täte sonst am Kind ein verächtlich Werk und jedermann spottete seiner und hielte ihn für einen Maulaffen und Frauenmann, wäre es nicht trotzdem recht getan im christlichen Glauben?

Die stossen die armen Weiber aus wie Hunde.

Der Mann soll sein Weib nicht so achten, als wäre sie ein Fusstuch.

Ein Mann darf nicht denken, dass wenn er ein Weib genommen hat, nun aller Pflichten ledig sei, spazieren gehen, sich wie ein Junker aufspielen könne oder sein Weib ihn wie ein Junker ernähren solle.

Wenn ein Vater sein Kind zur Ehe dringet, da das Kind nicht Lust noch Liebe hin hat, da übertritt er und missbraucht seine Gewalt, und wird aus dem Vater ein Tyrann.

Nun siehe zu. Wenn die kluge Frau, die natürliche Vernunft, welcher die Heiden gefolgt sind, da sie am klügsten sein wollten, das eheliche Leben ansieht, so rümpft sie die Nasen und spricht: Ach, ich sollt das Kind wiegen, die Windeln waschen, Bettenmachen, Stank riechen, die Nacht wachen, auf sein Geschrei hören, seinen Grind und Blattern heilen, danach das Weib pflegen, sie ernähren, arbeiten, hier sorgen, da sorgen, hier tun, da tun, das leiden, dies leiden, und was sonst noch der Ehestand an Unlust bringt. Ei, sollt ich so gefangen sein? O du elender armer Mann (sagt die Vernunft dir), hast du ein Weib genommen, pfui, pfui, das bringt Jammer und Unlust. Es ist besser frei bleiben und ohne Sorge ein ruhiges Leben führen.

Gott schuf den Menschen, dass er ein Männlein und Fräulein sein sollt. Aus dem Spruch sind wir gewiss, dass Gott die Menschen in zwei Teil geteilt hat, dass Mann und Weib, oder ein Er und Sie sein sollt. Und das hat ihm also gefallen, dass er es selbst ein gut Geschöpf nennt.

Gott hat den Menschen zur Gesellschaft, nicht zur Einsamkeit geschaffen, welches ausweist, dass er beiderlei Geschlecht der vernünftigen und unvernünftigen Tiere als ein Männlein und Fräulein oder als ein Er oder Sie geschaffen hat.

Man soll Weibern, die Kinder hüten, nicht gestatten, dass sie Kinder fürchten machen mit Schreckbildern und anderen Gaukeleien, besonders nachts.

Bist du niedergeschlagen, fliehe die Einsamkeit. Eva fiel in Sünde, als sie allein im Paradiesgarten spazieren ging. Suche Gesellschaft, fröhliche Gesellschaft, weibliche Gesellschaft.

Ich kann aus Erfahrung sagen, wie einer sich bei Anfechtungen im Geist verhalten soll. Ficht dich Traurigkeit oder Verzweiflung oder ein anderer Gewissensschmerz an, dann iss, trink, geh unter die Leute. Und tut es dir gut, an ein Mädchen zu denken, dann tu das.

Wenn die Herzen getrennt sind, gehen die Hände auch auseinander.

Von Fürsten, Bauern, Deutschen und Macht

**Liebe Herren, zürnt ihr,
dann pisst nicht an die Wand,
sondern euch in die Hosen
und hängt sie euch um den Hals.**

Drei

Den Frieden kauft man nie zu teuer.

Die Gewaltigen lassen ihr Drücken nicht.

Wir wollen von keinem Zwang wissen.

Jetzt ist meine grösste Plage der Staat.

Funktioniert die Regierung nicht, muss das Volk regieren.

Wer nicht kann durch die Finger sehen, der kann nicht regieren.

Gott der Allmächtige hat unsere Fürsten toll gemacht, dass sie nicht anders meinen, sie mögen tun und gebieten ihren Untertanen, was sie nur wollen. Und die Untertanen irren auch und glauben, sie seien schuldig, dem allen zu folgen.

Ein Fürst ist im Himmel ein seltenes Tier.

Die bayrischen Fürsten waren von jeher stolz und überheblich.

Solche Leute hiess man vorzeiten Lotterbuben, jetzt muss man sie christliche, gehorsame Fürsten heissen.

Fürsten und Kaufleute, die einen sind Diebe wie die anderen.

Und sollst wissen, dass von Anbeginn der Welt ein kluger Fürst gar ein seltener Vogel ist und ein frommer Fürst ein noch viel selteneres Ding. Sie sind gemeiniglich die grössten Narren oder die ärgsten Buben auf Erden, darum man sich allzeit bei ihnen des Ärgsten versehen und wenig Gutes von ihnen erwarten muss.

Gross ist die Unredlichkeit der Adeligen, die alles Getreide von ihren Bauern aufkaufen und verstecken.

Nicht umsonst führt der Adel Löwen, Bären, Wölfe und andere wilde Tiere im Wappen. Es bezeichnet seine Art.

Der Adel will alles haben, was Bauer und Bürger hat.

Was können sie, denn nur hübsche Hengste und feine Fräulein reiten?

Was schadet es, ein Fürst nähme eine Bürgerin und liesse sich begnügen an eines schicklichen Bürgers Gut? Wiederum ein adeliges Mädchen nähme auch einen Bürger. Es wird's doch die Länge nicht tragen, dass nur Adel mit Adel heiratet. Ob wir vor der Welt ungleich sind, so sind wir doch vor Gott alle gleich, Adams Kinder, Gottes Geschöpfe, und ist je ein Mensch eines anderen wert.

Ein Fürst muss nicht den Räten und Eisenfressern folgen, die ihn hetzen und reizen, Krieg anzufangen und sagen: Ei, sollen wir solche Worte und Unrecht leiden?

Wenn ein Fürst unrecht hätte, ist ihm dann sein Volk auch schuldig zu folgen? Antwort: Nein.

Das Schwert ist euch Fürsten und Herren auf dem Halse; dennoch meint ihr, ihr sitzt so fest im Sattel, man werde euch nicht mögen ausheben. Solche Sicherheit und verstockte Vermessenheit wird euch den Hals brechen; das werdet ihr sehen.

Je grösser die Gewalt, um so grösser das Unglück.

Wenn's so soll in deutschen Landen gehen, so ist mir's leid, dass ich ein Deutscher geboren bin oder je deutsch geredet oder geschrieben habe.

Wir Deutschen fangen vieles an, führen es aber nicht durch bis zum Ende.

Eine kommunistische Lebensform ist zwar möglich, kann aber nicht verordnet werden. Denn würde man sie verordnen, könnte sie wegen der korrumpierten Natur nicht funktionieren. Es wollten dann nämlich mehr Leute konsumieren als produzieren, und das führte zum Chaos.

Man wird nicht, man kann nicht, man will nicht eure Tyrannei und Mutwillen die Länge leiden. Liebe Fürsten und Herren, richtet euch darauf ein, Gott will's nicht mehr länger haben. Es ist nicht mehr eine Welt wie vorzeiten, da ihr die Leute wie das Wild jagtet und triebet.

Ich fühle, wenn ich für mein liebes Deutschland beten will, dass mir mein Gebet zurückprallt und will nicht hinaufdringen.

Wir Deutsche sind Deutsche und bleiben Deutsche, das ist, Säue und unvernünftige Bestien.

Die Juden sind ein unglückseliges Volk, dem weder Arbeit noch Gewerbe noch Landwirtschaft erlaubt ist, sondern nur schamloser Gewinn und Rosstäuscherei.

Ob man gleich alle Juden und Ketzer mit Gewalt verbrennt, so ist und wird doch keiner dadurch überwunden noch bekehrt.

Man muss nicht alles aufrührerisch sein lassen, was die Bluthunde aufrührerisch schelten. Denn damit wollen sie aller Welt das Maul und die Faust binden.

Wenn die Mörder und Bluthunde kriegen und morden wollen, so ist's in Wahrheit kein Aufruhr, sich wider sie zu setzen und ihnen zu wehren.

Die Tyrannen sind in Gefahr, dass mit Gottes Einwilligung sich die Untertanen aufmachen und sie erwürgen oder verjagen.

Wenn die Fürsten Schätze sammeln, tun sie nichts, denn dass sie Zunder sammeln zu einem Feuer.

Danach sprach er von Kriegsmaschinen und Bombengeschützen, den grausigen Instrumenten, die Mauern und Türme niederlegen, Menschen auf dem Schlachtfeld vernichten: Ich bin der Überzeugung, sie sind die ureigenste Erfindung des Satans selber. Hätte Adam dergleichen Instrumente gesehen, die seine Kinder gegenseitig aufeinander richten, wäre er vor Schmerzen vergangen.

Ein Christ weiss wohl, was er tun soll, dass er Gott gebe, was Gottes ist und dem Kaiser auch, was des Kaisers ist, aber doch nicht den Bluthunden, was ihnen nicht zusteht.

Das sollt ihr wissen, liebe Herren, Gott schafft's also, dass man nicht kann noch will noch solle eure Wüterei die Länge dulden. Ihr müsst anders werden und Gottes Wort weichen. Tut ihr's nicht durch freundliche, willige Weise, so müsst ihr's tun durch gewaltsame und verderbliche Unweise. Tun's diese Bauern nicht, so müssen's andere tun. Und ob ihr sie gleich alle schlüget, so sind sie doch ungeschlagen, Gott wird andere erwecken. Denn er will euch schlagen und wird euch schlagen. Es sind nicht die Bauern, liebe Herren, die sich wider euch setzen; Gott ist's selber, der setzt sich wider euch, heimzusuchen eure Wüterei.

Haben sie Lust zum Unglück, so hat Gott bald einen anderen Müntzer erweckt, der sie vollends stürze.

Ich meine, dass kein Teufel mehr in der Hölle sei, sondern allzumal in die Bauern gefahren sind.

Ich dürfte darauf etwas wetten, wo der Bauern Aufruhr nicht wäre drein gekommen, es hätte sich ein Aufruhr unter dem Adel wider die Fürsten und vielleicht wider den Kaiser auch erhoben; so gar war Deutschland in der Schwebe. Aber nun die Bauern drein gefallen sind, müssen sie allein schwarz sein, gehen Adel und Fürsten fein davon, wischen das Maul und haben nie etwas Böses getan.

Unter allen Ständen ist der Bauernstand der glücklichste.

Der Ungehorsam der Bauern ist unaussprechlich.

Wird ein Priester erschlagen, liegt das Land in Bann. Warum nicht auch, wenn ein Bauer erschlagen wird?

Ich, M. Luther, habe im Aufruhr alle Bauern erschlagen. Denn ich habe sie totschlagen heissen. Alle ihr Blut ist auf meinem Hals.

Wir müssen lernen, wie lang der Arm der Obrigkeit sei und wie weit ihre Hand reiche, dass sie sich nicht zu weit ausstrecke.

Unsere Junker sitzen jetzt im Rosengarten. Aber sie werden auch in die Disteln kommen.

Auf Bürgermeister und Fürsten und Adel können wir verzichten, aber auf Schulen nicht, denn die müssen die Welt regieren.

Eine allzugrosse Macht stürzt durch ihre eigene Masse.

Der harte Nacken der Menschen kann durch so viele Übel nicht gebrochen noch gebändigt werden.

Wenn ihr's Herren, Kaiser, Könige, Fürsten, gern so habt, dass euch solche verzweifelte, verdammte Leute aufs Maul trommeln und auf die Schnauze schlagen, so müssen wir's lassen geschehen.

Wenn das alles vollbracht und auch vom Adel niemand mehr übriggeblieben ist, dann wird jede Stadt ihren Hauptmann und jedes Dorf seinen Edelmann aus dem Land treiben. Und wenn ich dann noch leben würde, wollte ich's nicht verwehren.

Mit unserem Land Hessen ist es ein grosser Skandal.

Hessen, Franken und Westfalen
ist vor kurzer Zeit
noch ganz voll Wald gewesen.

Die Rheinländer sind verschmitzte Abenteurer und auf ihren Vorteil aus.

Wohlan, ihr lieben Deutschen, ich hab's euch genug gesagt, ihr habt euren Propheten gehört.

Sterbe ich darüber, sind andere da, die es besser können.

Wenn ich viel reisen müsste, wollte ich nirgends lieber denn durch Schwaben und Bayernland ziehen. Die Leute dort sind umgänglich und gastfrei, sie kommen dir entgegen und sparen nicht an Geld. Die Hessen und Meissner sind ihnen ähnlich, aber sie nehmen ihr Geld dafür.

Die Böhmen fressen, die Wenden stehlen, die Deutschen saufen getrost.

Der Bapstesel zu Rom

Von Papst und Teufel, Christen und Glauben

Ein Christ ist ein seltener Vogel.

Ah, liebes Papsteselchen, bocke nicht.

Mose ist tot.

Gibt es eine Hölle, so steht Rom darauf.

Vier

Gestern war ich fein, heute ist's gar umgewendet. Das ist der Wetterumschlag. Die Menschen sind die natürlichsten und besten Mathematici, die fühlen's an ihrem Leib und Gliedern bald, wenn am Himmel und an den Sternen eine Conjunktion, Opposition oder Veränderung des Wetters vorhanden ist.

Unsere Christen sind jetzt grösstenteils Nichtchristen.

Wo kommt solch grosser Unterschied zwischen gleichen Christen her? Allein aus Menschengesetzen.

Der Kardinal sagte in Augsburg über mich: Dieser Bruder hat tiefe Augen, darum hat er so seltsame Phantastereien im Kopf.

St. Peters Münster zu Rom, die Domkirchen zu Köln und Ulm sind übergross und unzweckmässig.

Ich lüge dich nicht an. Wer zu Rom gewesen ist, der weiss wohl, dass es leider ärger ist, als jemand zu sagen oder zu glauben vermag.

Alles ist durch die Papstesel verdunkelt und unterdrückt.

Man tut besser daran, wenn man dem Nächsten einen Pfennig gibt, als wenn man Petrus eine goldene Kirche baut.

Es wäre besser, dass alle Bischöfe ermordet, alle Stifte und Klöster ausgewurzelt würden, denn dass Eine Seele verderben sollte.

Gott gebe, dass sie der Teufel bescheisse, Amen.

Der Bischof von Mainz ist ein grosser Schalk.

Ein bübisches, hurerisches Leben führt ihr päpstlichen Bischöfe; im Blut und Schweiss der Armen mästet ihr eure Wollust und Prangen; mit Lügen und Trügen raubt ihr jedermann sein Gut; mit Bannen und Tyrannen martert ihr die Welt an Seele, Leib und Gut; das Evangelium predigt ihr nicht und tut nicht allein kein geistlich bischöfliches Amt, sondern wehrt und verbietet auch anderen zu predigen, verjagt und verfolgt sie; und seid doch dieweil nicht mehr denn gehässige, hässliche, feindselige Larven, welchen vor unerträglichen Bürden, Tyranneien, Untugenden, Schanden und Lastern die Welt nimmer kann noch will tragen.

Ich habe Christus und den Papst aufeinandergehetzt und bin so zwischen Tür und Angel gekommen.

Ich hab den Papst mit den bösen Bildern sehr erzürnet. O, wie wird die Sau den Berzel in die Höhe recken!

Seht, lieben Leute, hört alle Welt, wie verstockt und halsstarrig die Lutherischen sind.

Nun ist der Doktor Luther ein wenig hoffärtig und gibt nicht viel auf der Papisten Runtzen und Grunzen, das will ihnen das Herz brechen.

Es ist nicht Not, dass man den Erzkirchendieb, Stifträuber, Klosterfresser, Seelenmörder zu Rom, so grosses Geld zusehends rauben lasse.

Wo ich in einem päpstlichen und pfäffischen Aufruhr ermordet werde, da will ich einen Haufen Bischöfe, Pfaffen und Mönche mit mir nehmen, dass man sagen soll, Doktor Martinus sei mit einer grossen Prozession zu Grabe gebracht worden.

Ein Christ kann besser reden, wenn er voll ist, denn ein Papist, wenn er nüchtern ist.

Wir wollen essen, trinken, schlafen; wenn wir uns furchtsam zeigten, sollte sonst dem Papst der Mut wachsen.

Die Bibel ist ein Buch aller Ketzer.

Ketzerei ist ein geistliches Ding, das kann man mit keinem Eisen hauen, mit keinem Feuer verbrennen, mit keinem Wasser ertränken.

Frömmere Ketzer habt ihr nie gehabt, werdet sie auch nicht frömmer kriegen; bittet Gott, dass sie euch mögen bleiben.

Man sagt, dass Seine Kurfürstliche Gnaden zu Halle in Sachsen viel merklicher neuer Reliquienpartikel dazuerworben habe, von denen man zuvor nicht gehört, dazu sonderlicher grosser Ablass soll gegeben sein vom jetzigen allerheiligsten Vater Papst Paul dem Dritten, als 1. ein schönes Stück vom linken Herrn Mosis, 2. drei Flammen vom Busch Mosis auf dem Berge Sinai, 3. zwei Federn und ein Ei vom heiligen Geist, 4. ein ganzer Zipfel von der Fahne, damit Christus die Hölle aufstiess, 5. auch eine grosse Locke vom Bart Beelzebubs, der an derselben Fahne kleben blieb, 6. ein halber Flügel von St. Gabriel, dem Erzengel, 7. ein ganzes Pfund von dem Winde, der vor Elias über rauschte in der Höhle am Berg Horeb, 8. zwei Ellen vom Ton der Posaune auf dem Berg Sinai, 9. dreissig Paukenschläge von der Pauke Mirjams, der Schwester Mosis, am roten Meer gehört, 10. ein gross schwer Stück vom Geschrei der Kinder Israel, damit sie die Mauern Jerichos niederwarfen, 11. fünf schöne helle Saiten von der Harfe Davids, 12. drei schöne Lockhaare des Absalom, damit er an der Eiche hängen blieb. Es hat mir ein sonderlich guter Freund gesagt, dass Seine Kurfürstlichen Gnaden wolle zu solchem Heiligtum bescheiden im Testament ein ganz Quentlein von seinem treuen frommen Herzen und ein ganzes Lot von seiner wahrhaftigen Zunge. Dazu solle bereits erlangt sein vom allerheiligsten Vater dem Papst, dass, wer solch Heiligtum mit einem Gulden ehren wird, der soll Vergebung haben aller seiner vorigen Sünden, bis auf die Stunde begangen, und alles, was er danach sündigen kann oder mag zehn Jahre lang.

Darum sage ich, dass alle Nonnen und Mönche, die ohne Glauben sind, und ihrer Keuschheit und Ordensstand vertrauen, dass sie nicht wert sind, ein getauftes Kind zu wiegen oder ihm einen Brei zu machen, und wenn das Kind auch ein Hurenkind wäre.

Wie ich mag mit einem Heiden, Juden, Türken, Ketzer essen, trinken, schlafen, gehen, reiten, kaufen, reden und handeln, also mag ich auch mit ihm ehelich werden und bleiben, und kehre dich nicht an der Narren Gesetze, die solches verbieten. Ein Heide ist ebenso gut ein Mann und Weib von Gott wohl und gut geschaffen wie S. Peter und S. Paul und S. Lucia geschweige denn als ein loser falscher Christ.

Wenn man dich darauf dringen wollte, wie es auch der Papst getan hat mit seinen närrischen toten Gesetzen, du solltest am Freitag nicht Fleisch essen, sondern Fisch, Fisch in der Fastenzeit und nicht Eier oder Butter usw: Da sollst du dich auf keine Weise von der Freiheit, in welche dich Gott gesetzt hat, abbringen lassen, sondern ihm zum Trotz das Gegenteil tun und sprechen: Ja eben, weil du mir verbietest Fleisch zu essen und unterstehst dich, aus meiner Freiheit ein Gebot zu machen, eben darum will ich es dir zum Trotz essen.

Es gefällt mir das nicht, dass man die Christen und die Fürsten so treibt, hetzt und reizt, den Türken anzugreifen und mit Krieg zu überziehen.

Wenn der Kaiser sollte die Ungläubigen und Unchristen vertilgen, müsste er an dem Papst, Bischöfen und Geistlichen anfangen, vielleicht auch unser und sein selbst nicht verschonen; denn es ist greuliche Abgötterei genug in seinem Kaisertum, dass es nicht not ist, deswegen die Türken zu bekriegen. Lass den Türken glauben und leben, wie er will, gleichwie man das Papsttum und andere falschen Christen leben lässt.

Wo zwanzig Teufel sind, da sind auch hundert Engel.

Der Teufel schläft viel näher und mehr bei mir denn meine Käthe, das ist, er macht mir mehr Unruhe als sie mir Freude.

Die besten Kämpfe, die ich mit dem Teufel gehabt hab, hab ich in meinem Bett gehabt an meiner Käthen Seite.

Ein Christenmensch ist ein freier Herr über alle Dinge und niemand untertan.
Ein Christenmensch ist ein dienstbarer Knecht aller Dinge und jedermann untertan.

Ein Christ soll und muss ein fröhlicher Mensch sein.

Ein Christ ist im Werden, nicht im Gewordensein.

Unter den Christen soll und kann keine Obrigkeit sein, sondern ein jeglicher ist zugleich dem anderen untertan.

Der heilige Geist ist kein Skeptiker.

Was der Vernunft entgegen ist, das ist erst recht auch Gott entgegen.

O dass ich beten könnt, wie der Hund auf das Fleisch kann sehen. Seine Gedanken stehen all auf das Stück Fleisch, sonst denkt, wünscht, hofft er nichts.

Glaubstu so hastu, glaubstu nit, so hastu nit.

Unser Glaube ist noch sehr schwach und kalt. Wäre er so gewiss und stark, wie er wohl sein sollte, so könnten wir vor grosser Freude nicht leben.

Sei doch ein Heiliger und ein Eiferer, wer da will, und so viel er will, nur schade er dem anderen nicht und raube mir meine Freiheit nicht.

Ja, sagen sie, das Evangelium sollst du nicht lehren, denn daraus kommt Aufruhr.

Teufel, willst du mich fressen, fang hinten an.

Kommt nun der jüngste Tag nicht, kommt er nimmermehr.

Von Juristen, Ärzten, Astrologen und der Schule

Das Studium der Rechte ist eine
ganz niederträchtige Kunst,
und wenn es nicht den Geldbeutel füllte,
würde sich niemand darum bemühen.

Fünf

Ich habe oft erfahren, dass eben dann, wenn ich einsam gewesen, in grosse, schwere Anfechtung, Verzweiflung usw. gefallen bin.

Der Seele Gesetze zu geben verdirbt nur die Seelen.

Die Jugend hat niemand, der für sie sorgt.

Die Menschensatzungen geben der Seele keine Nahrung, sondern sie sind ein Dreck.

Darum soll man geschriebene Rechte unter der Vernunft halten, daraus sie doch gequollen sind und nicht die Vernunft mit Buchstaben gefangenführen.

Ein Gesetz macht bald zwei,
zwei machen drei,
und so geht's fort.

Es sind Rechtsbücher allzuviel da.

Durch das Gesetz wird kein Mensch besser, sondern nur ärger.

Die Juristen können nur Mücken fangen, die grossen Hummeln reissen hindurch.

Wenn du ein Jurist werden solltest, wollte ich dich an einen Galgen hängen.

Unsere Verteidiger würden unser Unglück sein.

Ein Jurist, ein böser Christ.

Dass die Ärzte Herren sind, hat man wohl vor Augen.

Schlecht ist einer dran, wenn er auf ärztliche Hilfe angewiesen ist.

Der Arztberuf ist sehr verantwortungsvoll, denn dem Arzt ist das menschliche Leben anvertraut. Wenn er seinen Beruf nicht mit Ehrfurcht ausübt, ist er ein Mörder.

Ich lobe die Astronomie und Mathematik, die mit Beweisen umgehen, von der Astrologie erwarte ich nichts.

Astrologie hat die Astronomie verdorben.

Astroglogia astragalia, Astrologie ist ein Würfelspiel.

Dass ich der Astrologie nicht glauben kann, hat viele Gründe. Ich frage mich zum Beispiel, warum die Einwirkung der Sterne nicht bereits innerhalb, sondern erst ausserhalb vom Mutterleib einsetzen soll, eben auf die Stunde und Minute, in der das Kind den Uterus verlässt.
Oder meint ihr, dass die Sterne fragen nach einem kleinen Häutlein, das über dem Bauch des Weibes ist?

Die Gelehrten, die Verkehrten.

Drei Finger tun's, sagt man vom Schreiber, aber ganz Leib und Seel arbeiten dran.

Es meinen wohl etliche, das Schreibamt sei ein leichtes, geringes Amt. Aber im Harnisch reiten, Hitze, Frost, Staub, Durst und anderes Ungemach leiden, das sei eine Arbeit. Ja, das ist das bekannte alte Liedlein, dass keiner sieht, wo dem anderen der Schuh drückt. Wahr ist's, mir wäre es schwer im Harnisch zu reiten, aber ich wollte auch gern wiederum den Reiter sehen, der mir könnte einen ganzen Tag still sitzen und in ein Buch sehen.

Ehe zwei Jahre vergehen, werdet ihr einen solchen Mangel an gelehrten Leuten sehen, dass man sie aus Brettern schneiden und aus der Erde graben würde, wenn man sie nur haben könnte.

Wo die Schrift und die Kunst untergeht, was will da bleiben in deutschen Landen denn ein wüster wilder Haufe Tartaren oder Türken, ja vielleicht ein Saustall und eine Rotte von lauter wilden Tieren?

Lieber Gott, wie hat die Welt abgenommen seit den Zeiten, als das bürgerliche Recht verfasst wurde. Ein Mädchen galt damals mit 12 Jahren als heiratsfähig, ein junger Mann wurde mit 14 Jahren als reif angesehen. Jetzund sind sie viel zu schwächlich in diesem Alter. Es geht immer weiter bergab mit der Welt und den menschlichen Fähigkeiten. Es geht auf die Neige.

Sollen wir Kinder ziehen, müssen wir auch Kinder mit ihnen werden.

Ein Kind, das einmal kleinmütig geworden ist, ist zu allen Dingen untüchtig und verzagt. Es fürchtet sich allezeit, so oft es etwas tun oder anfangen soll. Was aber noch ärger ist: wo eine solche Furcht in der Kindheit einreisst, kann sie schwerlich wieder ausgerottet werden sein Leben lang.

Wo Furcht in der Kindheit einreisst, kann sie schwer wieder ausgerottet werden sein Leben lang. Denn weil sie bei jedem Wort der Eltern zittern, fürchten sie auch nachher sich ihr Leben lang vor einem rauschenden Blatt.

Mein Vater sagte einmal zu mir, er glaube nicht, dass soviel Garben wüchsen, als Menschen auf Erden wären.

Es ist ein böses Ding, wenn um der harten Strafe willen Kinder den Eltern gram werden, oder Schüler ihren Lehrern feind sind. Denn viele ungeschickte Schulmeister verderben feine Anlagen mit ihrem Poltern, Stürmen, Streichen und Schlagen, wenn sie mit Kindern anders nicht denn gleich als ein Henker oder Stockmeister mit einem Dieb umgehen. Ich bin einmal vor Mittag in der Schule fünfzehnmal nacheinander gestrichen worden.

Wie ein großer Segen Gottes ist so ein kleines Kind. Die groben Bauern und störrischen Köpfe sind es nicht wert, sie sollten nur Säue haben.

Ich will lieber einen toten Sohn denn einen ungezogenen haben.

Die Eltern sind allein darauf bedacht, wie sie die Kinder schmücken und machen, dass sie vor den Leuten angesehen werden, bereiten ihnen Reichtum, hängen dem Drecksack Gold an den Hals, kaum dass er gehen kann.

Ein Schulmeister muss singen können, sonst sehe ich ihn nicht an.

Lass deinen Sohn getrost studieren, und sollt er auch dieweil um Brot betteln müssen, so gibst du unserem Gott ein feines Hölzchen, aus dem er dir einen Herren schnitzen kann.

Es wird doch dabei bleiben, dass dein und mein Sohn, das ist, gewöhnlicher Leute Kinder, werden müssen die Welt regieren.

Einen fleissigen, frommen Schulmeister oder Magister oder dergleichen, den kann man nimmer genug lohnen und mit keinem Geld bezahlen.

Die Universitäten bedürften auch wohl einer guten starken Reform.

Man soll wohl bedenken, dass man weder Fleiss noch Kosten spare, besonders in den grossen Städten gute Bibliotheken einzurichten.

Von reich und arm, Geiz und Wucher

Geld kann den Hunger nicht stillen,
sondern ist im Gegenteil der Grund für Hunger.
Denn wo reiche Leute sind, da ist alles teuer.

Sechs

Armut und Bettelei darf es gar nicht erst geben.

Gott ist ein wunderlicher Herr, sein Handwerk ist, aus Bettlern Herren machen.

Du leidiger Mammon, du sollst mein Herr nicht sein!

Ein Reicher ist auch inmitten zusammengescharrten Geldes arm.

Ein Wucherer ist ein Mörder.

Ein Geiziger kann nichts besseres tun als dass er stirbt.

Finanzer heissen Gurgelstecher.

Nummus nummum parere non potest: Geld erzeugt kein Geld.

Ich sehe nicht viel gute Sitten, die je in ein Land durch Kaufmannschaft gekommen sind. Darum liess Gott vorzeiten sein Volk Israel weg vom Meer wohnen und liess es nicht viel Kaufmannschaft treiben.

Der ausländische Kaufhandel, der aus Kalikut und Indien und dergleichen Ware herbringt, wie so köstliche Seiden und Goldsachen und Gewürze, die nur zur Pracht und zu keinem Nutzen dient und Land und Leuten das Geld aussaugt, sollte nicht zugelassen werden.

Ein Wucherer ist ein Mörder. Denn wer einem anderen seine Nahrung aufsaugt, raubt und stiehlt, der tut einen ebenso grossen Mord wie der, der einen Hungers sterben lässt und ihn zugrunde richtet. Solches tut aber ein Wucherer und sitzt dieweil sicher auf seinem Stuhl, wo er billigerweise am Galgen hängen und von so vielen Raben gefressen werden sollte, wieviel er Gulden gestohlen hätte.

Wir, die unseren Pfennig nicht steigern noch mehren können, fühlen wohl, wie nahe uns die Wucherer sitzen, fressen mit uns aus unserer Küche, trinken aus unserem Keller das meiste, schinden und schaben uns, dass uns Leib und Leben wehe tut.

Frankfurt ist das grosse Gold- und Silberloch.

Rechne du, wieviel Geld bei einer Messe zu Frankfurt aus deutschem Lande geführt wird ohne Not und Ursache, so wirst du dich wundern, wie es zugehe, dass noch ein Heller in deutschen Landen sei.

Kaufleute rauben täglich die ganze Welt aus.

Hier muss man wahrlich auch den Fuggern und dergleichen Gesellschaften einen Zaum ins Maul legen. Wie ist's möglich und wie soll das göttlich und recht zugehen, dass in einem Menschenleben so grosse königliche Güter auf einem Haufen zusammengebracht werden sollen? Ich weiss die Rechnung nicht.

Der Wucherer sitzt zu Leipzig, Augsburg, Frankfurt und dergleichen Städten und handelt mit Geldsummen, aber wir fühlen sie gleichwohl hier auf unserem Markt und in der Küche, dass wir weder Pfennig noch Heller behalten.

Wo man nicht mit Gewalt wehren kann und der Wahrheit helfen, soll man sich doch zum Recht der Armen, Geringen und Angefeindeten bekennen und mit Worten dazu helfen und den Ungerechten nicht zufallen und recht geben, sondern die Wahrheit frei heraus sagen.

Wird nicht des Armen Not ihm selbst mit unterverkauft? Denn weil er seiner Not halben die Ware desto teurer nehmen muss, ist's eben soviel, als dass er muss seine Not erkaufen. Denn nicht die reine Ware wird ihm verkauft, wie sie an ihr selbst ist, sondern mit dem Zusatz und Anhang dass er derselbigen benötigt.

Der gewöhnliche Mann hat nicht so grosse Güter wie die reichen, grossen Hansen, die nur zu sich scharren, schinden, schaben, die Armen ausbeuten und grosse Schätze sammeln. Diese sind die rechten, größten, strassenräuberischen Diebe. Die hängt man nicht an den Galgen, sondern sie werden von jedermann geehrt und sitzen obenan. Sie werden aber dem Galgen nicht entgehen.

Wie wir alle geistlichen Güter gemeinsam haben, so wollen wir auch Leib und Leben, Gut und Ehre gemeinsam haben, so dass einer dem anderen mit allem diene.

Der Reiche will nicht sterben, der Arme wünscht den Tod herbei.

Armer Leute Klagen richten ein Geschrei an, dass es alle Engel im Himmel hören müssen.

Der Mensch kann nicht immer arbeiten, er muss auch seine Ruhe haben.

Fahrt schön, liebe Herren, sehet, dass euch nichts fehle! Sprecht nicht Hui, ihr seid noch nicht über den Berg.

Sie lassen die Hände an anderer Leute Arbeit kleben, werden darnach an den lichten Galgen gehangen.

Das gegenwärtige Geld lässt den gegenwärtigen Gott verachten.

Es soll und muss das weltliche Schwert rot und blutrünstig sein.

Vom Essen und Trinken

**Philippus befragt die Sterne,
und ich nehme einen starken Trunk Bier,
wenn ich vor schweren Entscheidungen
stehe.**

Sieben

Der Bauch hat keine Ohren.

Ich esse, was ich mag und sterbe, wann Gott will.

Traurige Leute soll man mit Essen und Trinken erquicken.

Einem trunkenen Mann soll ein Fuder Heu weichen.

Halt den Kragen warm,
füll nicht zu sehr den Darm,
komm nicht zu nah den Grittenfrauen,
so wirst du langsam nur ergrauen.

Die lieben alten Väter müssen gesunde Leute gewesen sein. Sie lebten nur von den Früchten der Erde und von Wurzeln, haben Essen und Trinken daran gehabt. Ich glaube, dass Adam sich nicht ein Rebhuhn gewünscht hat, sondern hat an Früchten und Obst mehr Lust gehabt, haben ihm viel besser geschmeckt denn alles Gebratene und Gesottene.

An Delikatessen finde ich keinen Geschmack. Ich lob mir eine reine, gute, gewöhnliche Hausspeis.

Kann mir unser Herr Gott das schenken, dass ich ihn als Mönch wohl 20 Jahre gekreuzigt und gemartert habe, so kann er mir ja das wohl auch zugut halten, dass ich bisweilen einen Trunk tu, ihm zu Ehren. Gott gebe, es lege die Welt aus, wie sie wolle und ist.

Würden wir einfache Speisen geniessen ohne die ausländischen Gewürze, die nur den Gaumen kitzeln, würden wir ohne Zweifel länger leben.

Die armen Wildtierlein sind allen Gefahren ausgesetzt und sie haben viele Feinde; deswegen haben sie schwermütiges Fleisch, das zur Nahrung nicht taugt. Ich will sprechen, wie jener Sachse sprach: Was soll ich mit Hirsch und Hinde, ich lobe froh die Sau mit ihrem Kinde! Denn ein Schwein hat Wurst, Speck, Fleisch, die sind nahrhaft.

Ich muss dem Arsch sein Regiment lassen.

Morgen muß ich eine Vorlesung über Noahs Trunkenheit halten. Heute abend werde ich deshalb kräftig trinken, dass ich danach als Experte von dieser üblen Sache rede.

Wer Wein ständig trinkt, kriegt meistenteils Gicht in die Füsse, Bier dagegen fördert die Wassersucht.

Das Saufen ist in unseren Landen eine Art von Pest.

Kaum ein Zehntel unseres Lebens arbeiten wir. Die restlichen neun Teile da fressen, saufen, schlafen und gehen wir müssig. Pfui uns an.

Darf unser Herr Gott gute, grosse Hechte,
auch guten Rheinwein schaffen,
so darf ich auch wohl essen und trinken.

Der Bauch ist in allen Religionen der gewaltigste Abgott.

Wollte Gott, dass in der Christenheit kein Feiertag wäre denn der Sonntag. Aber nun sind wir mit vielen Feiertagen geplagt zum Verderben der Seelen, Leiber und Güter, davon viel zu sagen wäre.

Ich zech auch. Es soll mir aber nicht jedermann nachtun, denn es arbeitet auch nicht jeder so hart wie ich.

Wenn ich wieder heim nach Wittenberg komme, so will ich mich alsdann in einen Sarg legen und den Maden einen feisten Doktor zu essen geben.

Lebensweisheiten für jedermann

Ein verdorbener Hering gibt einen Bückling, und was zu sonst nichts taugt, gibt einen Kriegsmann.

Acht

Musica soll das seelichen erfreuen. Wenn man mit fleis singet, so sitzet das seelichen im leibe, spielet und hatt einen sonderlichen wolgefallen doran.

Hans, nimm dich selbst bei der Nasen.

Weisheit gilt mehr als Waffen.

Hast du solche Haar, kämm dich der Teufel.

Es fahren mehr Christen vom Galgen gen Himmel als vom Kirchhof.

Die kleinen Diebe hängt man an eiserne Ketten, die grossen Diebe tragen goldene Ketten und seidene Kleider.

Ändern ist leicht, bessern ist schwierig.

Fürstengunst Aprilenwetter.

Auf einem vollen Bauch steht ein fröhlich Haupt.

Das gute Meinen macht viele Leute weinen.

Ein weiser Mann tut keine kleine Torheit.

Ich kann mich nicht genug wundern über ein Ei.

Das Gewissen soll niemand unterworfen sein.

Man soll nicht den Löffel aufheben, wenn man dabei die Schüssel zertritt.

Der erste Zorn ist der beste.

Es ist zuviel ewiger Zorn.

So geht's weder zur Rechten noch zur Linken recht zu.

Ehe sich einer umsieht, ist er ein schöner Engel.

Mich wundert,
dass Gott so hohe Arzenei
in den Dreck gesteckt hat.
Schweinemist stillt Blut,
Pferdemist in Wein hilft bei Husten,
Menschenkot heilt Leibeswunden.

Was du nicht heben kannst, das lass liegen.

Geht dir das Wasser ins Maul, so lernst du schwimmen.

Man soll bauen, als wollt man ewig leben, und also leben, als sollt man morgen sterben.

Zeit bringt Rosen.

Wenn du weislich geloben willst, so gelobe, dir die Nase nicht selbst abzubeissen; das kannst du halten.

Wer viel Gedanken hat, kann nicht schlafen.

Es steht kein fröhlicher Kopf auf einem traurigen Herzen.

Erzwungene Dinge gefallen Gott nicht.

Ich halte es nicht mit der Meinung, dass Leute, die Selbstmord begehen, grundsätzlich zu verdammen seien. Denn ich bin überzeugt, sie tun es nicht gern, sondern die Macht des Teufels gerät über sie, genau wie wenn einer in einem Wald von einem Strauchdieb ermordet würde.

Für die Toten Wein, für die Lebenden Wasser: das ist eine Vorschrift für Fische.

Die Krankheit des Geistes, welche man Traurigkeit nennt, und der Tod sind Geschwister und Kinder miteinander.

Die Vögel fliegen gerade drauflos, wo immer sie fliegen, wir aber müssen oft um einen Berg herumgehen.

Wie fein geht die Vernunft auf ihren Stelzen.

Je grösser, je ärger.

Vor einem Baum, von dem man Schatten hat, soll man sich verneigen.

Der Mund, der lügt, tötet die Seele.

Es ist leicht, einem das Leben zu nehmen, aber man kann es nicht wiedergeben.

Wenn die Augen warm werden, ist es Zeit, dass man vom Schlaf aufbreche.

Man fischt alle Tag in der Elbe, trotzdem bleibt sie voll Fische.

Die werden nicht gute Werke genannt, die wir Gott tun; sondern die wir unserm Nächsten tun sollen, das sind gute Werke.

Die Welt gerät gleichsam über ihr eigenes Unglück ins Staunen.

Alle Ordnung ist so zu gebrauchen, dass wo Missbrauch daraus wird, dass man sie flugs abtue und eine andere mache; Ordnung ist ein äusserliches Ding; sie ist so gut wie sie will, so kann sie in Missbrauch geraten. Dann aber ist's nicht mehr Ordnung, sondern Unordnung. Darum steht und gilt keine Ordnung von ihr selbst etwas.

Einsamkeit macht Schwermut und Traurigkeit. Da fällt einem allerlei Böses ein, so Leib und Seel schädlich ist.

Narren muss man mit dem Kolben lausen.

Die Welt will Nachteulen haben.

Ich habe drei schlimme Hunde: Undankbarkeit, Stolz, Neid. Wen die drei Hunde beissen, der ist sehr übel gebissen.

Dies Paar Hosen habe ich selbst viermal geflickt und will sie noch mehr flicken, ehe ich mir eine neue machen lasse.

Ach, uns ist nur zu wohl, der Kitzel sticht uns.

Du weisst nicht, wie es zugeht, dass dein Mund lacht.

Es ziemt nicht, dass du dich verachten oder an dir selbst verzweifeln wolltest.

Die kein Unkraut unter sich haben wollen, erreichen nur soviel damit, dass kein Weizen unter ihnen ist.

Es schadet der Seelen nicht, ob der Leib unheilige Kleider trägt, an unheiligen Orten ist, isst, trinkt, wallfahrtet und betet nicht und lässt all die Werke anstehen, die die Gleisner tun.

Sich freuen ist nichts Böses.

Schöne Gestalt ist eine gute Kreatur Gottes.

Zwei Hähne auf einem Mist leiden sich nicht.

Je länger wir uns waschen, je unreiner wir werden.

Eine Lüge ist wie ein Schneeball; je länger man ihn wälzt, um so grösser er wird.

Wir sind besser geschickt zu verzweifeln denn zu hoffen.

Die Drucker tun sehr wohl daran, dass sie gute Lieder fleissig drucken.

Hohe Schwüre zeigen tiefe Lügen an.

Verschlossener Harm und Betrübnis nimmt Kraft und Saft aus dem Leib weg. Nur heraus damit, wie ich es zu Zeiten tu!

Wir sind Narren und elende Humpler mit unserm Tun und Kunst.

Freilich, er hatte auch andere Zeiten gehabt, damals, als er dem Papst an die Krone und den Mönchen an den Bauch griff. Doch auch da, in den kurzen Sturm- und Drangjahren der Reformation, als Luther seiner Sache noch so sicher war, blieb er für Freunde und Feinde widerspruchsvoll. Er predigte Gehorsam gegenüber der Obrigkeit, aber obrigkeitsgläubig, ein Fürstenknecht war er nicht. Adel und Junker galten ihm zeitlebens als ein Haufen von Halsabschneidern, und nach seinen Worten war ein frommer Fürst selten wie ein weißer Rabe. Den aufständischen Bauern, die sich auf ihn, die evangelische Freiheit beriefen, schickte er die Soldateska ins Haus. Später hingegen bekannte er, »alle ihr Blut ist auf meinem Hals«, und wie es die Herren jetzt hinterdrein trieben, würde er die Rotten kein zweites Mal hindern, denen da oben die Flöhe abzukehren.

Widerrufe, Widersprüche, die sich in fast beliebiger Zahl aneinander reihen ließen. Mittelalterlichem Aberglauben ergeben, hielt er Spuk und Besenritt für ausgemachte Wirklichkeit. Sein theologisches Arbeitskonzept war dagegen eher von religionskritischer, aufklärerischer Art. Immerhin attestiert ihm Feuerbach, der Wittenberger sei der erste gewesen, der Anthropologie als das Geheimnis der Theologie erkannt habe. Und konnte er naiv genug die herrschenden Besitzverhältnisse als gottgegeben hinstellen, hinderte ihn diese Einstellung doch nicht, eine rabiate Schrift gegen den »Kaufhandel und Wucher« zu verfassen, die noch Marx seitenlang zitiert.

Widersprüchliches durchzieht ebenso die Beziehung zu

seiner Frau. Luther witzelte öffentlich vor Freunden und Schülern über Käthes Unbotmäßigkeit und hielt sich über ihren angeblich mangelnden Lerneifer auf, nannte sie aber in seinen Briefen »Doktorin« (noch in der Woche vor seinem Tod schrieb er: »Meiner lieben Hausfrauen Katherin Ludherin, Doktorin, Säumarkterin zu Wittenberg, meiner gnädigen Frauen zu Händen und Füssen«) und unterzeichnete mit den Worten: »M. Luth., dein altes Liebichen.« Seiner Zeit entsprechend sah er überhaupt in dem weiblichen Geschlecht eine bedauerlich minderbemittelte Art von Geschöpfen, fand aber auch wieder, ein Mann vergebe sich nichts, neben seiner Frau am Seifenbottich die Windeln zu waschen.

Seine zwiespältige Realitätsbeziehung hat Luther selbst in einer Doppelformel auf den Begriff gebracht. »Ich stelle diese zwei Thesen auf«, schrieb er, »ein Christenmensch ist ein freier Herr aller Dinge und niemand untertan; ein Christenmensch ist ein dienstbarer Knecht aller Dinge und jedermann untertan.« Das ergänzte sich gegenseitig erst für seine Nachfolger problemlos: Man mußte eben nur aufpassen, daß die kostbare Freiheit mit der rauhen Wirklichkeit nicht ins Gedränge geriet. Luther war da ehrlicher als seine Verehrer. Für ihn blieb es zwischen beiden Ansprüchen beim offenen Konflikt, dem er nicht beikam.

Konnte er, wollte er sich nicht entscheiden? Er konnte wohl nicht, der Konflikt saß zu tief, war vermutlich bereits in seiner Kindheit angelegt. Die Eltern hatten ihren Martin gelehrt, Vater und Mutter »zu fürchten und zu lieben«, beides auf einmal und in der richtigen Folge. Als über

Fünfzigjähriger erinnert sich Luther bei einem Tischgespräch: »Meine Eltern haben mich so hart gehalten, dass ich darüber ganz verschüchtert wurde. Meine Mutter stäubte mich einmal wegen einer einzigen Nuss, dass mir dabei das Blut kam. Durch ihre strenge Erziehung trieben sie mich schliesslich ins Kloster, wiewohl sie es herzlich gut mit mir meinten.« Es fällt nicht schwer, sich die Begebenheit weiter auszumalen. Die atemringende Mutter: »Dass du uns soviel Kummer machst, du bringst deine armen Eltern noch ins Grab!« Und Martin zeigt schluchzend die gebotene Reue: »Entschuldigung, dass ich geboren bin!« — Meinte es doch die Mutter nur »herzlich gut« mit ihm. — Das ist schwarze Pädagogik von der übelsten Sorte, die dem Opfer nicht mal den Schmerz läßt.
Vor seinen Unwertgefühlen suchte der geprügelte Junge vergeblich Schutz im mönchischen Gehorsam. Erst in der Bibel fand er später, was er suchte, ja mehr, keine sichere Ruhe, dafür aber Freiheit, den Ausbruch aus der am schlechten Gewissen fixierten Kindheit. Der Glaube allein mache selig, las er bei Paulus, und zwar ohne des Gesetzes Werke. Hier ging Luther erstmals auf, daß die Existenzberechtigung eines Menschen nicht auf »guten Werken« steht, sondern ausschließlich, also jenseits von Gesetz und Moral, in kommunikativer Erfahrung gewonnen wird.
Die paulinische These von der Gesetzesfreiheit traf den bis dahin gehorsamen Sohn seiner Kirche wie ein Erkenntnisschock. Er sah ihre legalistische Institution plötzlich mit neuen Augen an. Aus dem Stand machte er kehrt gegen sie, gegen den religiösen Leistungsdruck, und forderte die

Christenheit auf, mit vereinten Kräften die Mauern des Papsttums einzustoßen.
Man hat die lutherische Entdeckung, seine Lehre von der »Rechtfertigung allein durch den Glauben«, mit Recht das protestantische Prinzip genannt. Es ist, bezogen auf die »Freiheit vom Gesetz«, im Kern anarchistisch. Luther hat es in seinen Predigten und Streitschriften unablässig vorgetragen, wenn nötig polternd, wütend verteidigt, starrköpfig bis zuletzt. Der deutsche Protestantismus, dem das Protestieren ausgegangen war, setzte Luther im 19. Jahrhundert ein anderes Denkmal. In Stein gehauen, in Bronze gegossen schaute Luther jetzt vom hohen Sockel auf seine Nachwelt, jeder Zoll ein Nationalheld, kernig, ein Mann wie aus einem Guß. Zum Monument stilisiert, verbürgte seine Gestalt das Bündnis von Thron und Altar, mahnte zu Untertanengehorsam und zur Pflichterfüllung im vaterländischen Krieg, befestigte die patriarchale Gewalt des Unternehmers und stand für die vollen Kinderzimmer der Bürgerhäuser.

Aufs Ganze gesehen, stimmt von dem allen nicht mal die Hälfte. Den Vätern der Gründerjahre gelang es trotzdem, Luther total für sich zu reklamieren. Aber das muß nicht verwundern. Es ist die Regel, daß schwarze Erziehung, die den Geschlagenen die Hand küssen heißt, die ihn schlägt, ihre Opfer auch noch als Komplizen vereinnahmt.

Die wichtigsten Quellen

An den christlichen Adel deutscher Nation, 1520
Von der Freiheit eines Christenmenschen, 1520
Vom ehelichen Leben, 1522
Invocavitpredigten, 1522
Von weltlicher Obrigkeit, wie weit man ihr Gehorsam schuldig sei, 1523
Ursache und Antwort, dass Jungfrauen Klöster göttlich verlassen mögen, 1523
Von Kaufhandel und Wucher, 1524
Dass Eltern ihre Kinder zur Ehe nicht zwingen noch hindern, 1524
Vermahnung zum Frieden auf die zwölf Artikel der Bauernschaft, 1525
Wider die räuberischen und mörderischen Rotten der Bauern, 1525
Ob Kriegsleute auch im seligen Stand sein können, 1526
Eine Predigt, dass man Kinder zur Schulen halten solle, 1530
Warum die Einsamkeit zu fliehen, 1534
Briefe, 1516—1546
Tischreden, 1531—1546

Luthers Büchlein „Vom ehelichen Leben" und eine Auswahl seiner „Tischreden" liegen als Reclamausgaben vor.

Die bisher erschienenen Galgenbüchlein

Frech und klassisch, lustig und böse, Politik von heute und Satire von gestern, literarischer Nonsens und böse Ausschnitte unserer Wirklichkeit, Zeitgenossen abgelauscht und Medienarbeit aufs Korn genommen, Zitate von Klassikern einmal anders und literarische Appetithäppchen, kurz: gemein und böse, unterhaltsam und frech, hintersinnig und fröhlich, ganz kurz: klein aber fein und immer für 'nen Heiermann (= 5,— DM pro Büchlein)

Christian Morgenstern
Galgenlieder

Heinrich Heine
Nachtgedanken

Wilhelm Busch
Lumpenlieder

Go Down, Spirituals
Von D. und K. Huthmacher liebevoll illustriert.
Mit Noten.

Ich geh kaputt, gehste mit?
Sponti-Sprüche I
Hrsg.: Willi Hau

Es wird Zeit, daß wir lieben
Sponti-Sprüche II
Hrsg.: Willi Hau

Winfried Thomsen
Radikalauer
Sprüche zu Politik und Gesellschaft

Fundsachen
Die besten aus der Dauerrubrik im »Stern«

Nikolaus Jungwirth/Gerhard Kromschröder
Vorher — Nachher
Die Wirklichkeit übertrifft die Satire

Gerd Wollschon
Der Duft von Freiheit und Adenauer
Ein starkes SPD-Stück

Anarcho-Sprüche
Hrsg.: Karlhans Frank

Ich, Martin Luther
Starke Sprüche über Pfaffen, Weiber undsoweiter
Ausgewählt von Arnulf Zitelmann

Anschläge der Unternehmer
Was Unternehmer alles von sich geben
Hrsg.: Jürgen Mechelhoff

Babs mit Straps
Gereimte Kontaktanzeigen, Liebeslyrik und vieles mehr
Hrsg. Jens P. Jansen

François Villon
Lasterlieder

Dieter Wallenfels
Das Büchlein der Bücher oder Warum ich preisgebunden bin

Eichborn Verlag, 6000 Frankfurt 70